CB137918

Selecionado
para o Salão Capixaba – ES

Adquirido pela
Secretaria de Educação
do Rio Grande do Norte

Selecionado para o Programa
Fome de Livro, da Fundação
Biblioteca Nacional

LIVRO ALTAMENTE RECOMENDÁVEL PARA
CRIANÇAS – INFORMATIVO – 2000
concedido pela Fundação Nacional
do Livro Infantil e Juvenil – FNLIJ (2000)

PRÊMIO JABUTI – 2001
Melhor Ilustração Infantil ou Juvenil,
concedido pela Câmara Brasileira do Livro

PRÊMIO JABUTI – 2001
OBRA INDICADA
Melhor Livro Infantil ou Juvenil

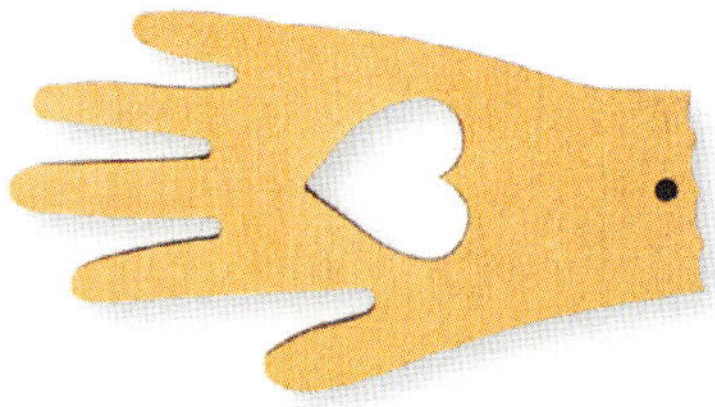

Dedico este livro ao
grande animador francês
Émile Reynauld e a todos
os grandes mestres da animação
que vieram depois dele, e que
fizeram tantos filmes maravilhosos.

Também gostaria de dedicá-lo
a algumas pessoas de quem gosto muito:
para Mana e para Pedro,
para Tita, Daniel, Bruno e Felipe,
para Neide e para Cecília,
para meus pais, Beta e Marcelo,
e para quatro animadores
brasileiros que me ajudaram
a encontrar meu caminho
na arte da animação:
Nancy, Carlos,
Dado e Léa Zagury.

Coleção No Caminho Das Artes

A Arte da Animação

Texto e Ilustrações

3ª edição

Raquel Coelho

Conforme a nova ortografia

Formato

A arte da animação é realmente fabulosa. Filmes incríveis, desenhos que falam, se mexem e têm emoções tão parecidas com as da gente! Massinhas que ganham vida, bonecos que se metem em inacreditáveis aventuras, figuras de papel que contam histórias encantadoras... Quem gosta de desenhar ou de brincar com bonecos, com certeza, já sentiu vontade de ver essas figuras se movimentando, falando, rindo e brincando, como se fossem de verdade.

A arte da animação nasceu dessa vontade, e também de uma fascinação que muitas pessoas sentem pela luz, por truques, mágicas e invenções geniais.

Em comparação com o teatro, com a música e com as artes plásticas, a arte da animação é muito nova. Ela nasceu no século XIX, numa época em que máquinas de todo tipo estavam sendo inventadas. Os "pais" da animação eram pessoas curiosas, que viveram em tempos e lugares diferentes, mas com uma coisa em comum: uma grande paixão pelas invenções, pela ciência e pela arte.

Para entender melhor como surgiu o cinema de animação, é preciso dar um salto no tempo. Imagine um mundo onde a televisão, o cinema, as revistas em quadrinhos, o *video game* e as animações ainda não existiam. Imagine que você era um inventor maluco, muito esperto e inspirado, muito ocupado, tentando construir estranhas engenhocas com desenhos e luzes. Imagine que você estava tentando inventar a arte da animação...

Naquela época, mais ou menos três séculos atrás, tudo era diferente. As cidades eram bem menores do que hoje em dia, e não existia avião, nem telefone, nem nenhuma maneira rápida de viajar ou de se comunicar. As ideias às vezes levavam muitos anos para se desenvolver. Duas pessoas podiam estar trabalhando em uma mesma invenção, sem que uma nunca soubesse da existência da outra...

A animação começou a ser inventada exatamente assim: um e outro inventor ou artista, em lugares e épocas diferentes, foram criando pequenas máquinas e objetos interessantes. Esses inventos foram ficando cada vez melhores, mas foram necessários muitos e muitos anos para que a animação, como a conhecemos hoje, chegasse a ser criada.

Tudo começou na Europa. Houve um tempo em que invenções e descobertas científicas de todo tipo pipocavam por lá. Ciência não era assunto só de cientista: muitas pessoas inteligentes e curiosas trocavam ideias sobre as estrelas, a luz, a energia, a Física, a Matemática, coisas do mundo e da natureza. Algumas pessoas faziam coisas interessantes, que eram novidade naquela época. Artesãos se dedicavam a criar e aperfeiçoar técnicas especiais para fazer, cortar e polir lentes e prismas. E esses vidros e cristais eram perfeitos para fazer experimentos com a luz. Você sabe o que acontece com a luz quando ela passa por espelhos, prismas ou lentes? Pois era isso que os homens daquela época queriam descobrir...

Foi nesse clima de inovação, curiosidade e troca de ideias que um inventor chamado Athanasius Kircher publicou, em 1646, um livro com um título intrigante: *A grande arte da luz e da sombra*. No último capítulo, ele descreveu uma caixa simples que continha uma fonte de luz e um espelho curvo: era a *lanterna mágica*. Dentro dela, a luz batia nos espelhos, se modificava e era projetada na parede, criando efeitos espetaculares. A lanterna mágica assombrou muita gente, alguns até acharam que era bruxaria.

Não se sabe ao certo se Kircher foi realmente o inventor da tal lanterna, mas o livro que ele escreveu, com certeza, estimulou a imaginação de pessoas que gostavam de inventar coisas... Algumas dessas pessoas tentaram criar um jeito de usar a lanterna mágica para contar histórias. Tiveram então a ideia de colocar um disco de vidro com desenhos dentro da caixa. A luz e o espelho faziam a imagem ser projetada na parede, como se fosse um *show* de *slides*. Naquela época, essas projeções representavam um avanço incrível, pois as máquinas de fotografia, as filmadoras e os projetores ainda estavam longe de ser inventados.

A animação estava mesmo com vontade de nascer. No entanto, ainda não tinha nascido de fato, pois a lanterna mágica mostrava as figuras uma por uma, como em um livro. Mas... seria possível projetar imagens que se movem? Naquele tempo, ninguém sabia ao certo qual era a resposta para essa pergunta.

Muitas outras pessoas descobriram novos jeitos de montar a lanterna mágica. Cada um foi tentando uma coisa, e o tempo foi passando... Em 1736, um holandês esperto, com o complicado nome de Pieter van Musschenbroek, resolveu melhorar de uma vez por todas a lanterna mágica: descobriu como criar a ilusão de que os desenhos estavam se movendo. Ele montou um mecanismo que modificava uma parte da imagem durante a projeção, e parecia mesmo que o desenho se mexia. Um dia, resolveu mostrar o seu invento a um visitante. O homem ficou boquiaberto quando o holandês mostrou as imagens de um moinho girando, um homem tirando o chapéu e uma mulher se curvando. Pelo que se sabe, essa foi a primeira vez que alguém viu imagens que davam a ilusão de que coisas e pessoas se moviam, como se fossem de verdade.

O *Teatro mágico*, como era chamado, viajou pela Europa afora e, lá pelo meio do século XVIII, já se havia transformado num divertimento bem popular. Todos conheciam a figura do artista itinerante, viajando com sua lanterna amarrada às costas, projetando imagens intrigantes e mostrando uma forma diferente de todo o mundo se divertir!

Fantasmagorie

O mais famoso entre esses artistas foi Etienne Gaspard Robert de Liège. Em 1794, em Paris, ele inaugurou seu misterioso *show* chamado *Fantasmagoria*. Fez tanto sucesso que, em 1797, ele se mudou para as ruínas de um monastério e transformou o espetáculo em um evento permanente.

A plateia ficava sentada num quarto escuro e sinistro, ainda cheio das quinquilharias dos antigos monges. O lanterneiro criava efeitos incríveis, projetando retratos de pessoas que haviam morrido recentemente, durante a Revolução Francesa, em espelhos, vidros, fumaça e pedaços de gaze com cera transparente. A sala, de repente, se enchia de fantasmas! A plateia ficava apavorada, mas também se divertia muito. Era um pouco como os filmes de terror: dá um medo danado, mas muita gente adora!

Um novo brinquedo surgiu, por volta de 1820, quando algumas pessoas que gostavam de acreditar no poder da imaginação inventaram o *thaumatrope*. Era um disco com uma imagem pintada de cada lado e amarrado a uma cordinha. Quando se puxava a cordinha, o disco de papel virava rapidamente de um lado para o outro. Nesse movimento, as imagens se combinavam e formavam uma só. A peruca desenhada de um lado aparecia na cabeça do homem careca desenhado do outro lado; o pássaro solto aparecia dentro da gaiola vazia; o homem numa posição engraçada aparecia em cima de um cavalo correndo...

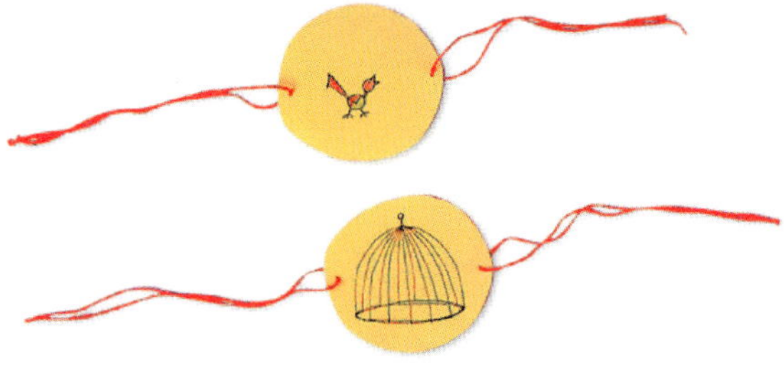

Com a mistura de imagens engraçadas e interessantes, o *thaumatrope* se tornou bastante popular. Enquanto muita gente ria e se divertia, outros, mais curiosos, ficavam intrigados e se perguntavam: “Mas por que duas imagens diferentes ficam parecendo uma só quando a gente gira o disco?!...”

Um senhor chamado Peter Mark Roget, num momento de grande inspiração, deu uma brilhante resposta a essa pergunta: “O olho humano é capaz de unir uma sequência de desenhos, se estes forem apresentados rapidamente, com uma boa luz e a intervalos regulares, formando assim uma única imagem”. Essa conclusão acabou virando uma espécie de lei científica, que ficou conhecida como a “lei da persistência da visão”.

Mágica, arte, ciência: a lei da persistência da visão inspirou muita gente e gerou novas invenções. Entre 1828 e 1832, um belga inventou o fenaquistoscópio, ou *fantoscope*.

Esse brinquedo era feito com dois discos. Um, com imagens pintadas nas bordas, girava do lado de dentro; o outro, com fendas, ficava do lado de fora. As fendas permitiam ver imagens exatamente do jeito que o olho da gente precisa para misturar uma com a outra.

Assim, quando o disco de dentro gira a certa velocidade, quem olha por entre as fendas vê a imagem se movendo.

O que se via no fenaquistoscópio era de fato um avanço que chegava cada vez mais perto da animação, pois, enquanto os discos de papel misturavam apenas dois desenhos, o fenaquistoscópio misturava uma longa sequência, que mostrava pessoas e animais nas várias etapas de uma ação. Assim, as pessoas viam desenhos que pareciam ter vida! Cavalos correndo, pássaros voando, gente dançando... era lindo!

Em pouco tempo, o fenaquistoscópio se popularizou na Europa. Praticamente não havia sequência de imagens que não tivesse sido desenhada e transformada em diversão fenaquistoscopiana. Acrobatas acrobatando, ciclistas bicicletando, palhaços palhaçando... Tudo se pôs em movimento dentro dos engenhosos fenaquistoscópios.

A palavra *anima*, em latim, quer dizer *alma*. Pois aqueles desenhos em movimento pareciam ter alma própria. É por isso que ainda hoje nós os chamamos de "desenhos animados", ou seja, desenhos que parecem ter vida, "desenhos com alma".

Ao longo dos anos, vários brinquedos como o fenaquistoscópio foram inventados, com pequenas variações de forma, funcionamento e tamanho, e grandes variações de nome: zootrópio, dédalo, cineógrafo, mutoscópio, ludoscópio e praxinoscópio. O cineógrafo, que hoje em dia é conhecido pelo nome inglês de *flipbook*, logo se tornou um dos mais simples e populares brinquedos de animação. Trata-se de um livro pequeno, com uma sequência de imagens desenhadas nas bordas. Segurando o livro com uma mão e soltando rapidamente as páginas com a outra, pode-se ver a sequência de imagens se transformar numa única, em movimento. A gente pode até mesmo dizer que o *flipbook* é uma espécie de "livro animado"...

No final do século XIX, o *flipbook* era um brinquedo de que todo mundo gostava. Era feito com muita arte, servia como presente e até mesmo como brinde em algumas lojas, para atrair clientes. Essa técnica de criar a ilusão de movimento é usada até hoje por animadores profissionais, para testar os desenhos e conferir se a animação está ficando legal. O *flipbook* também é feito por crianças que gostam de desenhar no cantinho dos cadernos, para depois verem sua criação ganhar vida no virar rápido das páginas.

FLiP
Book

Em 1882, um inventor chamado Émile Reynauld decidiu unir duas invenções: o praxinoscópio e um projetor. O praxinoscópio era parecido com o fenaquistoscópio, por ter também um disco com uma sequência de imagens. Mas Émile teve a ideia de combinar esse disco com vários espelhos. As imagens apareciam refletidas e, quando o disco girava, davam a ilusão de movimento. Com um projetor, Émile Reynauld começou então a desenhar histórias em longas tiras de papel. Em 1892, ele inaugurou o Teatro Óptico, que funcionava dentro de um museu de cera em Paris.

Nesse teatro diferente, Émile exibia seus filmes, batizados com o bonito nome de *Pantomimas luminosas*. Até aquele momento, os diversos brinquedos e inventos não contavam histórias, apenas mostravam imagens em movimento. Émile Reynauld inventou um modo de divertir o público projetando histórias simples, porém completas. Seus filmes tinham até acompanhamento musical ao vivo e efeitos sonoros inigualáveis.

O Teatro Óptico foi um imenso sucesso. Entre 1892 e 1900, Reynauld fez quase treze mil exibições, para um público estimado em meio milhão de pessoas. Para os padrões daquela época, foi realmente um recorde.

Théatre ★ Optique

Infelizmente, o Teatro Óptico não pôde competir com o interesse que outras invenções estavam despertando. O cinema era a grande novidade do momento, e as *Pantomimas luminosas* de Émile Reynauld acabaram esquecidas. Uma pena! A frequência do público foi diminuindo, o dinheiro ficou curto, e a tristeza, enorme. Ele ficou tão triste, mas tão imensamente triste com o fracasso, que jogou seu equipamento e quase todos os seus filmes no rio Sena, numa trágica noite do ano de 1910. Depois enlouqueceu de vez, e acabou morrendo num hospital de loucos, triste e esquecido...

Mas, hoje em dia, Émile Reynauld é lembrado como o pioneiro da animação: um artista que fez filmes coloridos de animação, com histórias completas, música e efeitos sonoros sincronizados, antes de qualquer outro. Alguns de seus encantadores filmes foram recentemente descobertos e exibidos em vários festivais de animação. Se ele soubesse que isso um dia iria acontecer, com certeza teria ficado bem contente...

No final do século XIX, algumas pessoas andavam muito interessadas em estudar o movimento e descobrir os detalhes de uma ação. Por exemplo: você já parou para pensar em como um cavalo realmente corre? Será que em algum momento ele fica com as quatro patas no ar? Essas eram questões que um homem chamado Eadweard Muybridge estava interessado em esclarecer.

Fotografar cada etapa da corrida de um cavalo não foi fácil. Como naquela época ainda não existiam câmeras de filmar, Muybridge teve de usar vinte e quatro câmeras fotográficas alinhadas ao lado da pista de corrida. Cada disparador de câmera tinha uma linha que ia até o outro lado da pista. Ao passar na frente das câmeras, o cavalo rompia a linha, acionando os disparadores um a um. Ao final, todas as câmeras tinham registrado, uma em seguida da outra, cada fração de segundo da corrida do cavalo!

Usando câmeras fotográficas de modo criativo, Muybridge fotografou inúmeros cavalos trotando, animais passeando, homens e mulheres pulando, correndo, dançando... Nessas fotografias, muitos detalhes de como pessoas e bichos se movem foram observados pela primeira vez. Esses registros foram publicados em dois livros que são usados até hoje por animadores profissionais no mundo todo. Pois, para criar animações que parecem de verdade, é preciso observar e estudar com muita atenção os movimentos dos bichos e das pessoas.

MIGHTY
TOKO.P.K.

Um dos inventos mais importantes dessa época foi uma câmera que tirava, continuamente, de 16 a 24 fotogramas por segundo, ou seja, uma filmadora. Graças a essa invenção, as pessoas puderam ver pela primeira vez uma projeção de filmes com imagens de pessoas e coisas da época, e tudo isso com vida, com movimento.

Nascia o cinema. A invenção gerou fortunas, mudou a vida de muita gente e se transformou, com o tempo, numa arte fundamental da cultura moderna. Projetores, filmes de celuloide, salas de projeção... tudo isso favoreceu o aperfeiçoamento da arte da animação.

Com a invenção da filmadora, ficou fácil criar uma câmera que pudesse filmar quadro a quadro, ou seja, um fotograma por vez. Alguém então teve a ideia de modificar o desenho ou a imagem que estivesse sendo filmada, isto é, tirava um fotograma e mudava alguma coisa de lugar... tirava mais um fotograma... mudava mais um pouquinho... e assim por diante.

Foi desse jeito que algumas pessoas, filmando fotograma por fotograma, começaram a substituir uma atriz por uma boneca em algumas cenas, a mudar de lugar as letras de um título, a fazer pequenas modificações em um desenho...
No filme projetado em vinte e quatro fotogramas por segundo, aqueles objetos pareciam estar vivos!

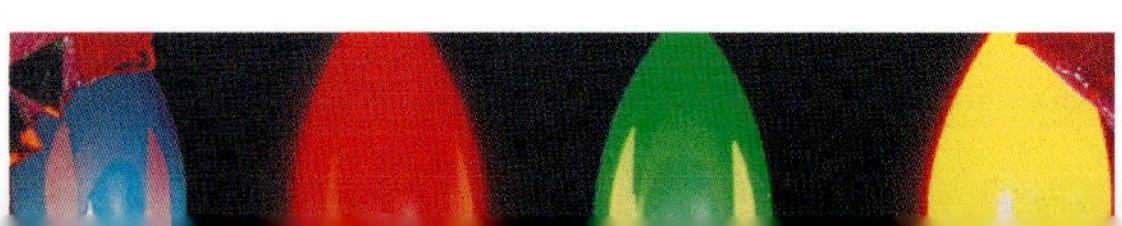

CINEMA
DIRETOR

Aproveitando a popularidade dos cartuns e das histórias em quadrinhos, por volta de 1897, um cartunista chamado James Stuart Blackton fundou um estúdio, junto com um mágico e um ilusionista. Ali, pretendiam fazer filmes com talento e criatividade. O Estúdio Vitagraph acabou se tornando um dos mais importantes da época. Os três artistas desenvolveram também algumas técnicas de animação. Blackton foi o que mais experimentou nessa área. Um de seus filmes mais famosos foi *O hotel mal-assombrado*. Nesse filme, o público podia ver, pela primeira vez, uma faca fantasma se movendo sozinha, cortando, macabramente, um pão em fatias... e muitas outras coisas do tipo. O filme fez um sucesso imenso. As pessoas ficaram curiosíssimas, não conseguiam descobrir como os artistas tinham feito tudo aquilo. Hoje em dia, não há mais mistério, e você com certeza já sabe como aqueles truques foram feitos...

Muito simples: os objetos foram filmados em vários fotogramas, mas com um detalhe: entre um fotograma e outro, os artistas mudavam um pouco as posições dos objetos. Quando o filme era exibido, tinha-se a impressão de que eles estavam se movendo sozinhos. Essa técnica ficou conhecida como *stop motion*; por meio dela, objetos imóveis são usados para criar a ilusão de movimento.

Em outro filme, os rapazes da Vitagraph criaram uma batalha de navios, conseguindo efeitos incríveis com miniaturas de barcos de papel, um cenário com água de verdade, fumaça de cigarros e pipoco de pólvora. Foi a primeira vez que alguém usou efeitos especiais em animação de miniaturas.

Muitas pessoas fizeram – e fazem até hoje – filmes extraordinários usando a técnica de *stop motion*. Essa técnica foi muito usada, também, nos filmes em que monstros e outras personagens fantásticas contracenam com atores de verdade. Bonecos feitos com muita arte e com engenhosos mecanismos de movimento eram filmados quadro a quadro. Em seguida, a animação era composta sobre o filme no qual as imagens dos atores de verdade estavam gravadas.

Assim foi feito o primeiro filme do King Kong, em 1933. Aquele gorila imenso que a gente vê na tela contracenando com minúsculos atores apavorados era, na verdade, um boneco pequeno e inofensivo, que ganhava vida e tamanho por meio das técnicas de *stop motion*. Naquela época, usar *stop motion* para animar bonecos era ainda uma novidade. O americano Ray Harryhausen tinha apenas 13 anos quando viu o filme *King Kong*. Ficou tão impressionado que aprendeu a fazer bonecos e filmes usando *stop motion*. Acabou por se transformar em um dos grandes mestres dessa arte e com ela criou cenas para filmes inesquecíveis, como *Jasão e os argonautas* e *A sétima viagem de Simbad*, entre muitos.

Émile Cohl nasceu em Paris, em 1857. Ele fazia um pouco de tudo: era bom em caricatura, fotografia, pintura, poesia, escrevia comédias e, ainda por cima, era louco por todo tipo de truques e mágicas. Pois Émile Cohl foi assistir a *O hotel mal-assombrado*, de Blackton, e ficou com a pulga atrás da orelha, tentando descobrir como todos aqueles truques tinham sido feitos.

Acabou conseguindo: algum tempo depois, realizou seu primeiro filme, que se chamou *Fantasmagorie*. O filme era parecido com o de Blackton, mas tinha muito mais desenhos. No filme de Émile Cohl, a história era contada por meio de desenhos que se moviam na tela, e não de truques feitos com objetos reais.

Depois desse primeiro filme, Émile Cohl se empolgou e realizou mais de 250 filmes de animação! Sua vibrante imaginação fez com que experimentasse de tudo: *stop motion*, efeitos especiais, e até mesmo desenhar no próprio filme...

Mas o que ele mais fez mesmo foi desenho animado. Conseguiu criar personagens com os quais as pessoas da plateia podiam se identificar. Seus filmes despertavam medo e alegria, provocavam risos e lágrimas... Os desenhos de Émile Cohl eram soltos e muito bonitos, e suas animações, incrivelmente artísticas. Por esse motivo, muita gente acha que ele foi de fato a primeira pessoa a fazer da animação uma verdadeira arte.

Winsor McCay também era cartunista, famoso por seus quadrinhos nos jornais americanos e pelos *shows* em que atuava e desenhava ao mesmo tempo. Desenhava tanto, e tão bem, que um dia lhe perguntaram se seria capaz de fazer filmes com os desenhos. Ele logo respondeu que seria capaz de fazer quatro mil desenhos no prazo de um mês, e que os desenhos iriam se mover de uma forma nunca antes vista em nenhuma tela de cinema. Riram muito de sua ousadia e fizeram então uma aposta: queriam ver se McCay seria mesmo capaz de tamanha proeza.

Um mês depois, Winsor reuniu os amigos e entregou os quatro mil desenhos. Era um excelente desenhista, e o resultado de seu trabalho representou um salto na qualidade do movimento que se via na tela. Após a filmagem, seus amigos viram, deslumbrados, personagens se movendo de forma tão natural que pareciam ter vida e personalidade próprias!

O filme contava uma história chamada *O pequeno Nemo*, e foi lançado por volta de 1911. Winsor McCay realmente provou que era capaz de fazer desenhos animados... E veja só: depois de fazer todos aqueles desenhos, ele acabou ficando com vontade de desenhar ainda mais...

Depois de *O pequeno Nemo*, McCay fez vários outros filmes. O mais famoso foi *Gertie, a dinossaura*. Nele, uma dinossaura contracenava com o próprio McCay, que aparecia elegantemente na frente da plateia, armado de um chicote, como se fosse um domador! A simpática dinossaura, muito bem desenhada e movendo-se de maneira muito realista, interagia com seu criador e parecia estar ali de verdade! Até mesmo Émile Cohl, na época com quase sessenta anos, viu o filme e adorou.

A partir daí, o desenho animado começou a se firmar como uma arte amiga do riso e do bom humor. Personagens desenhadas são capazes de viver situações engraçadíssimas, impossíveis para atores de verdade: bombas explodem e deixam a personagem pretinha, esturricada, mas ela nunca morre... Portas esmagam figuras que saem andando cambaleantes, tão finas quanto uma folha de papel... Tudo é possível, quando se trata de um desenho animado!

A animação foi se tornando cada vez mais popular. Surgiram, principalmente nos Estados Unidos, vários estúdios dispostos a fazer do desenho animado o seu principal negócio. Mas para se fazer um filme de animação são necessários muitos, muitos desenhos... Imagine só: para um segundo de animação, são necessários vinte e quatro fotogramas; para um minuto, nada menos que 1.440 fotogramas; e para uma hora, 86.400 fotogramas! É fotograma que não acaba mais...

A fim de tornar a produção mais eficiente e, é claro, mais lucrativa, foram desenvolvidas várias técnicas para produzir mais, gastando menos e ganhando muito, como numa fábrica. Essa foi uma das grandes contribuições dos estúdios daquela época, que ficou conhecida como a “era do cinema mudo”, pois os filmes ainda não tinham som...

O famoso artista e empresário Walt Disney está entre os que primeiro usaram som em filmes de animação. Foi em um filme com o ratinho Mickey, lançado em 1928, no qual a animação era toda sincronizada com a música. Nos Estúdios Disney, muito da arte da animação foi aperfeiçoado, descoberto ou inventado.

Fazer desenhos animados é um pouco diferente de fazer desenhos que nunca chegarão às telas. Quando desenhistas criam um desenho animado, eles desenham já pensando no efeito que cada linha vai ter quando o desenho for projetado nas telas de cinema. Disney e seu grupo pesquisaram bastante sobre como desenhar de modo a criar movimentos expressivos e interessantes para as personagens, e organizaram essas técnicas na forma de doze princípios básicos, que até hoje servem como modelo para animadores do mundo inteiro.

Alguns desses princípios, por exemplo, ensinam o animador: a posicionar a personagem de forma a criar uma silhueta clara (*staging*); a deformar a personagem achatando ou esticando suas formas para tornar a ação mais dramática (*squash* e *strech*); e a criar movimentos secundários a um movimento principal, como acontece quando um esquilo salta daqui pra lá, e sua cauda vai seguindo o movimento do seu corpo com movimentos ondulantes (*follow through*).

A equipe de Walt Disney criou filmes de grande sucesso, sempre com belas histórias e personagens muito bem caracterizadas. As técnicas de desenho animado ficaram afiadíssimas, e os movimentos das personagens, cada vez mais perfeitos.

Disney, além de desenvolver a arte da animação, soube fazer dela um excelente negócio... Os Estúdios Disney cresceram muito e são hoje um verdadeiro império, que encanta crianças de várias idades. Sua renda não vem apenas da bilheteria dos cinemas, mas também da venda de bonecos, brinquedos, quadrinhos e uma porção de outros produtos.

Além da Disney, outros grandes estúdios surgiram em várias partes do mundo, sobretudo na América do Norte, como por exemplo os Estúdios Hanna-Barbera e a Warner Brothers. Esses estúdios ajudaram a tornar os desenhos animados muito populares. Hoje eles estão em toda parte, nas televisões e cinemas do mundo todo. Suas personagens formam uma engraçada "família" e são conhecidas e amadas por gente de diferentes países e culturas.

Mas filmes de animação não têm de ser sempre engraçados, e muitas vezes também não são lucrativos. Existem diferentes maneiras de se fazer animação, infinitas histórias para contar, inúmeras técnicas para inventar e experimentar. E muita gente talentosa usa a arte da animação para, acima de tudo, expressar emoções ou ideias. Fazem isso de maneira artística, pessoal, criando filmes lindíssimos e originais. São muitos os animadores que usam a animação como uma forma de experimentar e criar coisas diferentes.

Um deles, artista brilhante, animador e experimentador, foi o escocês Norman MacLaren, que nasceu em 1914. Ele desenhou sobre o filme, sobrepôs imagens, brincou com formas geométricas, sons e muitas outras coisas... Vários outros artistas experimentaram maneiras diferentes de fazer animação: usaram silhuetas e sombras, areia, massinha de modelar, alfinetes, recortes de papel, pintura sobre vidro... Histórias engraçadas ou tristes, trágicas ou poéticas ganharam vida e forma de maneiras nunca antes imaginadas.

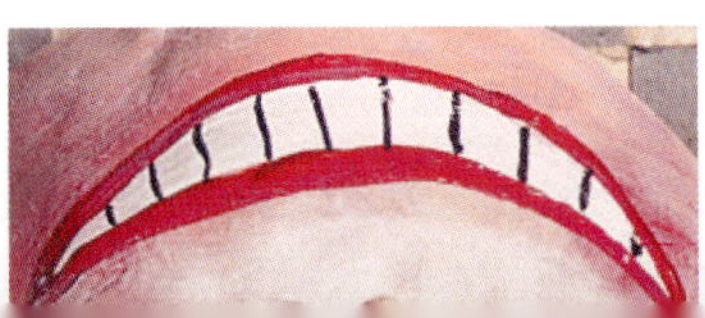

• Atividades •
Brincadeiras, ideias, sugestões...
COLEÇÃO
No Caminho Das Artes
Fazendo Animação
Raquel Coelho
Formato

COLEÇÃO No Caminho Das Artes

Fazendo Animação

Raquel Coelho

Formato

FAZENDO ANIMAÇÃO

Existem muitas maneiras de fazer animação. Podemos fazer brinquedos com imagens animadas, *flipbooks*, ou desenhar sobre o filme. Ou podemos também fazer animação usando uma câmera de vídeo ou de filmar. Se você tem acesso a um computador, você poderá tentar criar animações por meio de computação gráfica.

Existem técnicas das mais variadas: neste livrinho de brincadeiras, ideias e sugestões não poderia caber nem a metade delas! Por isso, é importante ser curioso, e buscar mais informações em outras fontes: livros, bibliotecas, conversas com amigos, pais e professores, profissionais da animação, se for possível...

Neste livrinho, vamos dar algumas dicas de coisas para serem feitas com ou sem câmeras de filmar. Mas tenha sempre em mente que, para criar projetos mais sofisticados, sobretudo usando câmeras ou computadores, você vai, certamente, precisar pesquisar e encontrar suas próprias soluções.

Repetindo a História, vamos tentar recriar alguns dos brinquedos com imagens em movimento inventados antigamente?

1. O *THAUMATROPE*

Fazer um *thaumatrope* é muito fácil. Você vai precisar de dois pedaços de barbante, um pedaço de cartolina dura e canetinhas ou lápis para desenhar. No pedaço de cartolina, corte um círculo pequeno. Para desenhar o círculo bem redondinho, você pode usar um copo com a boca para baixo sobre a cartolina e, com um lápis contornando a boca do copo, traçar o círculo.

Recorte o círculo e desenhe um passarinho de um lado. Do outro lado do disco, desenhe uma gaiola vazia. Depois, faça um furinho de cada lado do círculo da cartolina e amarre um pedaço de barbante curto (mais ou menos 6 centímetros) de cada lado do disco. Segure um barbante em cada mão, solte e puxe delicadamente, fazendo o disco girar para um lado e outro. Você vai ver o passarinho dentro da gaiola!

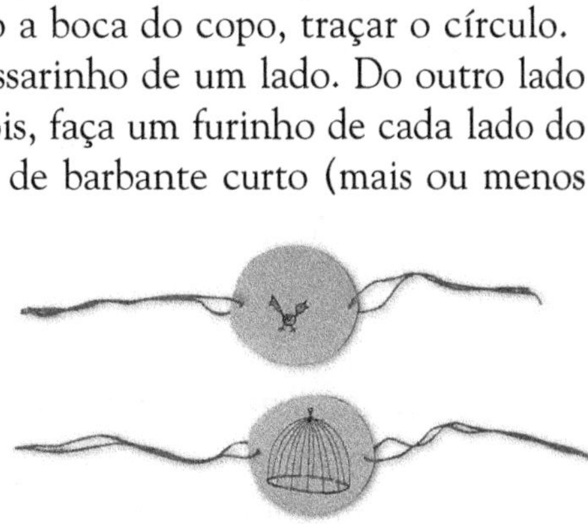

Tente repetir a brincadeira mudando a combinação de desenhos. Em vez de passarinho e gaiola, tente desenhar um homem careca de um lado e uma peruca do outro lado. Veja o que acontece... Imagine outras combinações e crie você mesmo sua própria coleção de *thaumatropes*.

2. O fenaquistoscópio

O fenaquistoscópio foi um dos primeiros brinquedos inventados com imagens em movimento. É um brinquedo muito simples: um disco de papel com pequenos desenhos. Se você ficar atrás do fenaquistoscópio, na frente de um espelho, e olhar, pelas frestas do disco, a imagem refletida no espelho, você verá os desenhos se movendo.

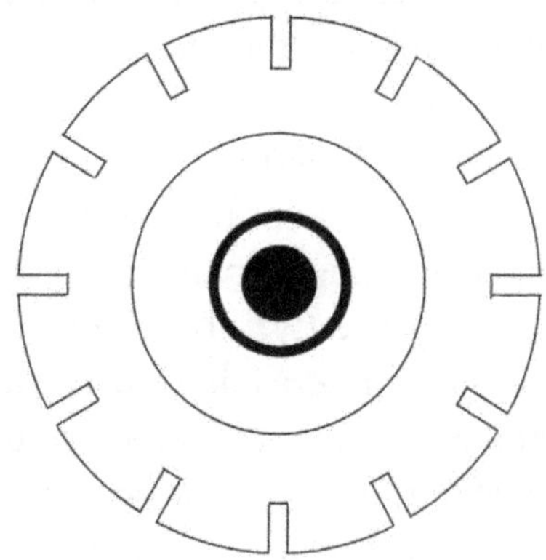

Para fazer um fenaquistoscópio, você vai precisar de uma folha de papelão, tesoura, um espelho, um alfinete, uma rolha e canetinha para desenhar. No seu papelão, recorte um disco de papel com 11,5 cm de diâmetro, exatamente como o modelo ao lado (se preferir, faça uma cópia ampliada do desenho).

Depois, tente desenhar os diferentes momentos da ação de uma personagem entre as frestas do disco. Com os desenhos prontos, prenda o disco na rolha com o alfinete (espete o alfinete no centro do disco, com a rolha por trás).

Vá para a frente de um espelho, fique atrás do disco e gire-o enquanto olha por entre as frestas para a imagem refletida. Tente girar o disco mais rápido ou mais devagar, até encontrar a velocidade certa.

Se você fez tudo certo, com certeza vai ver sua personagem se movimentar!

3. O zootrópio

O zootrópio é parecido com o fenaquistoscópio, só que dispensa o espelho. Você vai precisar de tiras de papelão ou papel-cartão, disco de papelão ou papel-cartão, canetinhas, fita adesiva ou fita-crepe, tesoura e cola.

a) Corte o papelão com 33,5 cm, no formato do modelo abaixo:

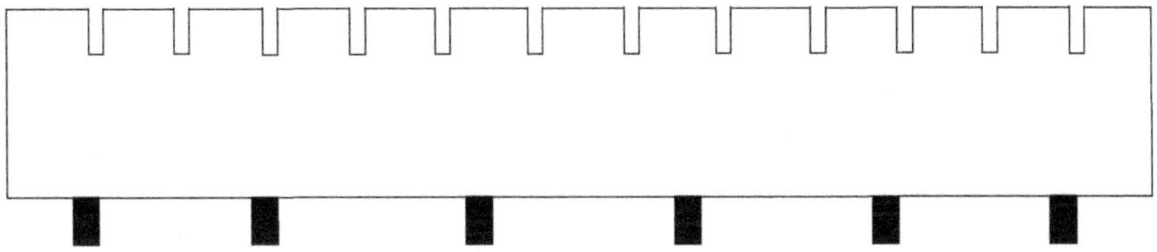

b) Como no fenaquistoscópio, faça os desenhos com a animação entre as frestas. Junte as duas pontas da tira de papelão e cole com a fita adesiva, formando assim um círculo de papel.

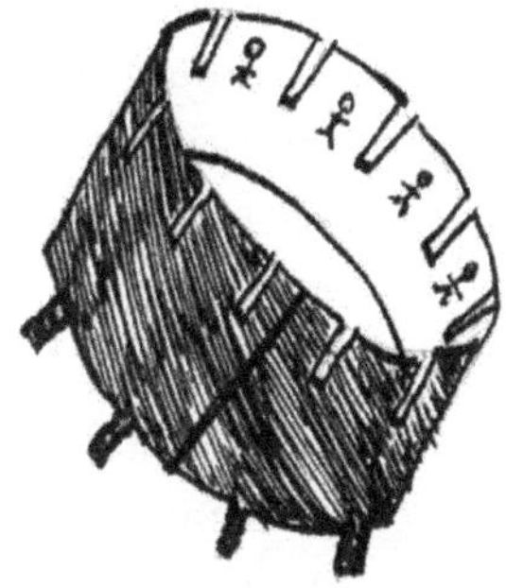

c) Recorte um círculo de papelão, com 10,5 cm de diâmetro, exatamente como o mostrado na figura ao lado.

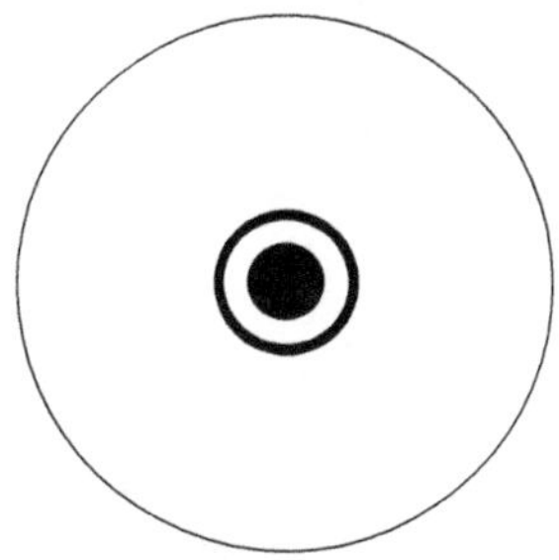

d) Nesse disco de papel, cole o círculo que você criou antes seguindo o desenho ao lado.

e) Usando o resto do papelão, faça um cabo para o seu brinquedo e cole-o no fundo do disco.

f) Coloque uma caneta dentro do cabo, segure-a, gire o disco e olhe para os desenhos por entre as fendas: você vai ver a sua nova animação acontecendo dentro do disco de papel!

4. O *FLIPBOOK*

Uma das maneiras mais simples de começar a fazer animação é fazendo um *flipbook*. Você vai precisar de papel para rascunho, um bloquinho pequeno de papel, lápis ou canetinhas.

a) No papel de rascunho, tente bolar um desenho simples de que você goste. Pode ser uma personagem, um bicho ou pessoa, ou uma coisa – como, por exemplo, uma gota de água, uma nuvem ou uma planta. Como você vai ter que repetir o desenho várias vezes, é melhor tentar fazer um desenho simples e expressivo.

b) Com a sua personagem escolhida e desenhada, tente imaginar como ela vai se movimentar, que tipo de ação irá desenvolver. Imagine as poses principais, os principais momentos dessa ação, e tente repetir o desenho da sua personagem nessas diferentes poses. Por exemplo: se a sua personagem é um gato, você pode fazer o gato dar um salto. As poses principais vão ser o gato parado, o gato se encolhendo e se preparando para saltar, o gato saltando, já no ar, o gato caindo e tocando o chão novamente, e o gato parado de novo, como no primeiro desenho.

c) Tente desenhar essa ação, momento por momento, no seu bloquinho de papel. Aqui vão algumas sugestões: começar pela última página; assim, quando você desenhar na página de cima, você vai poder ver um pouco do desenho anterior através da página. Isso ajuda a manter o desenho consistente. Em cada página, o seu desenho vai mudando um pouquinho.

Não se esqueça de que você vai precisar de vários desenhos entre as poses principais... Quanto mais desenhos, mais lento vai ser o movimento da sua personagem. Quanto menos desenhos, mais rápida vai ser a ação. Outra dica importante: os desenhos têm de ficar alinhados, um exatamente em cima do outro. Isso ajuda a dar a ilusão do movimento contínuo. Se os desenhos não estiverem alinhados, a ilusão de continuidade não vai acontecer.

Se você acha difícil fazer personagens completas, pode tentar fazer desenhos mais simples, como estrelas, luas ou formas geométricas. Nesse caso, você pode esticar as formas ou achatá-las... Tente fazer sua estrela crescer ou ficar mais brilhante, ou diminuir e perder a luz... São muitas as maneiras de fazer animação!

E lembre-se: até mesmo o mais simples dos desenhos pode virar um desenho animado...

d) Experimente com diferentes desenhos e, também, variando a quantidade de desenhos entre as poses principais. De vez em quando, passe rapidamente as páginas do bloco, para ver se a animação está ficando legal... Se você conseguiu ver o seu desenho se movimentar, parabéns: você acaba de fazer a sua primeira animação!

QUE TAL TRABALHAR COM FILME DE VERDADE?

DESENHANDO NO PRÓPRIO FILME

Agora que você já experimentou bastante com brinquedos de papel, que tal desenhar no próprio filme? Você vai precisar de: projetor adequado ao tipo de filme que vai usar, canetinhas próprias para desenhar em transparências ou em papel celofane, uma mesa onde você possa trabalhar, uma folha grande de papel branco para forrar a mesa de trabalho, filme sem imagens gravadas – também chamado de *clear leader* (o filme pode ser de 8 mm, 16 mm ou 35 mm). Você vai precisar de no mínimo 10 metros de filme, mas quanto mais, melhor!

ATENÇÃO: não tente desenhar em fitas de vídeo: não vai dar certo, e pode acabar quebrando o videocassete!!!

Para conseguir um filme sem imagens gravadas, você ou seus pais ou professores vão precisar contactar um laboratório especializado na revelação de filmes de 8 mm, 16 mm ou 35 mm (os laboratórios que revelam só filmes de fotografia não vão poder te ajudar; você vai precisar contactar laboratórios que revelam filme para cinema).

Caso não consiga um filme sem imagens gravadas, tente conseguir restos de filmes usados. Com a ajuda de um adulto, "lave" as imagens do filme, deixando-o de molho por várias horas, em um balde, em uma mistura de água sanitária e água de torneira.

MAS ATENÇÃO: esse processo não é fácil, e **água sanitária provoca queimaduras**. Portanto, o melhor mesmo é tentar conseguir um filme sem imagens em um laboratório especializado.

Na hora de desenhar, é muito importante ter em mente algumas coisas:

a) É preciso deixar dois metros de filme em branco, ou seja, sem desenhos, pois esse pedaço do filme vai ser usado para montar o rolo no projetor, e muito provavelmente as imagens desenhadas nessa parte não vão ser vistas por ninguém.

b) Os furinhos das laterais do filme devem ser usados como referência para os seus desenhos. Imagine que existe um quadrado entre cada quatro furinhos e desenhe sempre dentro desse quadro imaginário, como na figura ao lado.

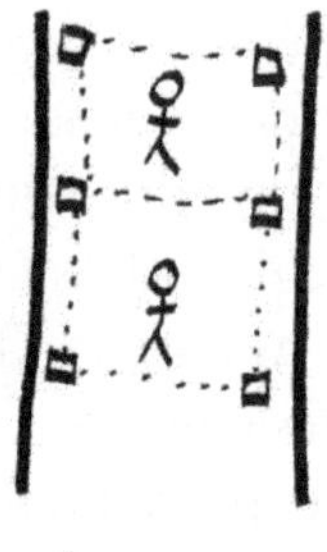

c) Tenha sempre em mente que cada 24 desenhos que você fizer vão durar apenas um segundo na tela. Ou seja, se você desenhar um ponto de exclamação e quiser que as pessoas o vejam durante um segundo, vai ter que repetir o desenho 24 vezes.

d) Forre a mesa de trabalho com a folha grande de papel branco. Prenda a folha com fita adesiva nos cantos, para que não fique escorregando enquanto você trabalha. Coloque o filme em cima da folha branca, com o lado brilhante virado para baixo, e comece a desenhar. Quando o filme estiver todo desenhado, use o projetor para exibir a sua animação e conferir os resultados. Você pode observar o que funcionou e o que não funcionou, e tentar melhorar da próxima vez.

e) Ao finalizar os desenhos, lembre-se de deixar mais dois metros de filme em branco, como fez no início do filme...

Dicas de equipamento para animação

Câmeras de filmar ou de vídeo são muito caras e, em geral, muito difíceis de usar. Lembre-se de sempre pedir permissão antes de usar equipamento de outra pessoa. O ideal é que um adulto cuide da filmagem, assim você pode se concentrar melhor na sua animação.

Aqui vão algumas dicas sobre o equipamento que valem para projetos de desenho sobre filme e, também, para outros projetos de animação:

Filmes:

Antes de iniciar seu projeto, procure se informar sobre preços, locais de compra e revelação de filmes. É também importante que você tenha acesso a um projetor adequado para o tipo de filme que vai escolher. Pergunte na sua escola a professores e amigos. Talvez o departamento de filmes em uma universidade local possa ajudar com alguma informação.

Procure contactar pessoas que possam ajudar você a realizar o seu projeto, e esclarecer suas dúvidas a respeito de técnicas e de equipamento. Escolas, bibliotecas, amigos e Internet podem sempre informar e ajudar...

a) *Super 8 mm*: é o mais estreito; por isso, caso você escolha esse filme para o seu projeto, tenha em mente que a área onde você vai desenhar é muito pequena. Alguns anos atrás era muito fácil comprar e revelar esse tipo de filme, mas hoje em dia já não é tão fácil assim.

b) *Filme 16 mm*: talvez seja o ideal para desenhar ou para filmagens com câmeras. O filme de 16 mm é mais fácil de ser encontrado, e vai ser mais fácil também encontrar um laboratório que faça a revelação. Como esse filme é mais largo que o primeiro, a área onde você vai desenhar é maior, o que torna as coisas bem mais fáceis...

Em geral, existem bons laboratórios de revelação nas grandes cidades. Mas, se você mora em um local onde não existam laboratórios para filmes de cinema, provavelmente poderá enviá-lo pelo correio para revelação. Talvez seja possível, também, encomendar o filme por telefone ou pela Internet, para ser entregue na sua casa.

c) *Filme de 35 mm*: não confunda com filme para fotografia. Esse é o mais caro, pois é o filme usado em cinema. Ele é também o mais largo e o mais fácil para desenhar. Muitas vezes, artistas desenham sobre esse tipo de filme e depois pedem a um laboratório especializado que transfira as imagens para um filme de super 8 mm ou de 16 mm, pois é mais fácil ter acesso a um projetor para esses formatos...

CÂMERAS:

Projetos de animação podem ser filmados em câmeras de 8 mm, 16 mm, 35 mm, ou em câmeras de vídeo. Hoje em dia, também é possível fazer filmes de animação por meio de computadores. Câmeras de filmar são, em geral, muito caras. Será mais fácil ter acesso a uma câmera se o seu projeto contar com o apoio de sua escola, de um bom centro cultural ou da universidade local. Você pode tentar contactar esses locais e se informar se eles têm um departamento de vídeo e filme, ou professores que entendam bem dessa área.

Se você optar por filmar com uma câmera de vídeo, é preciso verificar se ela tem um disparador que permita gravar uma foto de cada vez. Nem todas as câmeras de vídeo podem ser usadas para animação, pois muitas delas servem apenas para filmar continuamente, e você vai precisar tirar uma foto por vez.

OUTRAS COISAS DE QUE VOCÊ VAI PRECISAR:

Além da câmera, do projetor e do filme, você vai precisar também de um tripé para a sua câmera, luzes próprias para filme, para iluminar os desenhos ou objetos que vai filmar, e uma mesa de trabalho.

Será necessário, ainda, um medidor de luz ou um fotômetro. O fotômetro serve para medir a quantidade de luz que está iluminando os desenhos ou objetos que você quer filmar. A sua câmera de filmar possui controles de velocidade e de abertura de diafragma, que é por onde a luz entra na câmera. Isso tudo precisa ser regulado de maneira correta, para que o filme não fique nem muito escuro nem claro demais.

Criando um filme de verdade

Criar um filme de animação é uma tarefa que exige muita paciência, e também muita pesquisa. Animadores profissionais, muitas vezes, levam anos para criar filmes que duram apenas alguns minutos! Mas existem muitas formas de brincar com imagens animadas, e com certeza você vai encontrar um jeito de se divertir criando seus próprios projetos.

Muitas técnicas de animação necessitam de equipamentos especiais que, em geral, são caros. Se você tem acesso a um computador, ou a câmeras de vídeo ou de filmar, seja na sua escola ou em casa, vai ficar mais simples fazer o seu próprio filme.

Se não dispõe desses equipamentos, o primeiro passo é tentar organizar um grupo de pessoas interessadas em criar um filme e, juntos, tentar conseguir os recursos necessários. Trabalhar em grupo é sempre melhor: muitas cabeças pensando juntas podem encontrar soluções para qualquer problema!

1. A ideia...

As técnicas de animação variam bastante, mas o caminho que se faz para transformar uma ideia ou história em um filme é sempre muito parecido. Parte-se de uma ideia e, a partir dessa ideia, escreve-se um *script*, no qual se conta a história já pensando em como transformá-la em um filme. Com o *script* pronto, o próximo passo é fazer um *storyboard*, ou seja, desenhar as cenas principais, tentando encontrar a melhor maneira de posicionar os personagens, o cenário e todos os elementos que fazem parte da história.

2. A história

Tente escolher uma história de que você goste, e que vai ficar legal na forma de animação. Prefira uma história curta e simples, que não tenha muitas personagens. Como esse vai ser provavelmente o seu primeiro filme, trabalhar com uma história pequena vai facilitar bastante as coisas!

Muitas vezes, projetos longos e ambiciosos demais podem acabar ficando difíceis de fazer, e muita gente acaba desistindo antes mesmo de o filme ficar pronto. Então, para um primeiro projeto, quanto mais simples for a história, maiores são as chances de ter um filme completo no final.

3. Transformando a história num script

Agora que você já sabe qual é a história que quer contar, procure reescrevê-la de forma bem simples, tentando sempre imaginar como a animação vai aparecer na tela.

Sua história vai ter diálogos? Vai ter narrador? Ou vai ser contada com imagens, sem palavras? Escolha a forma que melhor se adapta à sua história.

Se quiser contá-la por meio de falas, tente trabalhar bem os diálogos, já escolhendo quais serão as frases que cada personagem vai dizer. Quantas personagens? Quais das personagens têm falas? Onde a história se passa?

Durante o processo de escrever o *script*, você vai respondendo a todas essas perguntas e, aos poucos, seu projeto vai ficando mais claro para você.

4. Escolhendo a melhor técnica

Agora que você já escolheu a história e fez o *script*, chegou a hora de escolher a melhor técnica para fazer o seu filme. Tente escolher uma técnica que você domine, assim o trabalho vai ficar mais gostoso. Você gosta mais de desenhar ou de criar imagens com recortes de papel? Quem sabe, você gosta mesmo é de criar bonecos com sucata? Ou com massinha de modelar? Ou talvez você prefira desenhar usando o computador? Escolha a técnica de que mais goste.

5. A trilha sonora

A trilha sonora é feita, quase sempre, antes do filme. Essa trilha, com músicas e diálogos, serve muitas vezes de guia para os animadores, que fazem os desenhos de acordo com o som.

6. Desenvolvendo os cenários e as personagens

Faça uma lista dos cenários e personagens que fazem parte da sua história. Depois, desenhe cada personagem e cada cenário, tentando imaginar os detalhes, as cores e formas de cada um.

7. Criando o storyboard

A partir do *script* faz-se o *storyboard* – uma série de desenhos que mostra como a história vai aparecer na tela, mais ou menos como uma história em quadrinhos. As principais cenas são desenhadas da maneira como vão ser mostradas no filme, ou seja, de cima, de frente, de lado, de perto, de longe, etc.

O melhor momento para trabalhar as personagens e o estilo do filme, em geral, é o do *storyboard*. Essa é a hora de caprichar nas formas e nas cores, imaginar como as personagens serão vistas em diferentes posições e expressando emoções como dor, raiva, medo, alegria...

A melhor maneira de desenhar um *storyboard* é usando uma série de pequenos cartões de papel. Você pode usar um cartão para cada desenho. Assim vai ficar fácil mudar a ordem das cenas, caso seja necessário.

8. *Fazendo um teste (animatic)*

A partir do *storyboard*, faz-se um *animatic*, que é um tipo de teste que se faz colocando os desenhos do *storyboard* em filme. Tenha sempre em mente que 24 desenhos correspondem a um segundo de animação. Assim, pode-se ter uma ideia mais clara de quanto tempo deve durar cada cena. Depois disso, partimos para a animação em si.

Esse processo básico, que vai da ideia até a animação pronta, passando pelo *script*, pelo *storyboard* e pelo *animatic*, vale para todo tipo de animação. Vale para desenho animado, para *stop motion* e até mesmo para as animações feitas em computador.

9. *Fazendo a animação*

Com o *motion test* pronto, você vai ter uma ideia melhor de quanto tempo cada cena vai durar. Se já escolheu a técnica adequada à sua história, agora você pode pôr mãos à obra e começar a filmar o seu projeto.

Dicas especiais para cada técnica

1. *Desenho animado*

Desenhos animados como os que a gente vê na televisão são o produto de muito trabalho, e em geral são produzidos por uma equipe muito grande e diversificada. Normalmente, os desenhos animados são feitos usando-se um fundo onde estão desenhados os cenários, objetos e todas as coisas que não vão se movimentar durante a cena. Sobre esse fundo, coloca-se uma folha transparente de acetato, na qual estão desenhadas as personagens e todas as coisas que serão animadas, que vão se movimentar durante o filme.

Separar as imagens em dois elementos (fundo e animação) é uma boa ideia, pois assim você usa o mesmo fundo para muitos fotogramas, em vez de desenhar novamente o fundo a cada vez que for criar um novo fotograma.

O processo para fazer um desenho animado é mais ou menos o seguinte:

a) Prepara-se o fundo, em geral pintado ou desenhado. Esse fundo servirá depois de cenário para as personagens.

b) Em seguida, as personagens (e todas as coisas que irão se mover durante o filme) são desenhadas, quadro por quadro, em um papel comum. Assim a animação, ou seja, o movimento das personagens, é criada.

c) Depois, coloca-se uma folha transparente em cima de cada um desses desenhos, que são retraçados com uma tinta especial no acetato. Muita gente faz isso usando uma máquina de xerox: os desenhos são "xerocados" ou copiados diretamente nas folhas de acetato.

d) Os desenhos dos acetatos são, então, pintados com uma tinta especial, e a animação ganha o seu colorido.

e) Quando a tinta está seca, os desenhos em acetato são colocados sobre o fundo e fotografados um a um.

Os materiais especiais para animação são em geral muito caros e difíceis de encontrar, mas você pode tentar reproduzir esse método usando materiais bem mais baratos: folhas de plástico finas e transparentes (ou até mesmo papel celofane) no lugar das folhas de acetato, canetinha hidrocor, ou tinta a óleo, ou uma caneta de tinta permanente... Não faz mal que os materiais que você vai usar sejam improvisados. O importante é aprender fazendo, é desenhar e descobrir como se faz animação, e para isso você vai precisar mesmo é da sua inteligência e da sua imaginação.

Você pode criar uma animação também com um fundo bem simples, como, por exemplo, um papel de cor vibrante. Desenhe diretamente sobre o fundo, sem usar folhas de acetato ou celofane. Depois você pode filmar, escanear ou gravar em vídeo cada um desses desenhos. Existem várias maneiras de fazer um desenho animado, e o importante é escolher a maneira com a qual você se sinta mais à vontade e que esteja dentro de suas possibilidades.

Uma boa dica é planejar de antemão quantos desenhos serão necessários para cada ação. Por exemplo, se você quer desenhar alguém espirrando, tente você mesmo fazer de conta que está espirrando e, com a ajuda de um relógio, conte quantos segundos durou o seu espirro. Se o seu espirro durou 2 segundos, isso significa que você vai precisar de 48 desenhos (2 X 24 = 48). Se seu espirro durou 3 segundos, você vai precisar de 72 desenhos (3 X 24 = 72). Essa prática sempre ajuda muito na hora de animar: faça você mesmo a ação que quer desenhar e aprenda a medir com um relógio quanto tempo essa ação demorou. Depois, é só fazer as contas, multiplicando cada segundo por 24, e você vai saber exatamente quantos desenhos serão necessários para recriar a ação em desenhos, e assim fazer sua animação.

Muitos animadores profissionais trabalham com uma mesa de luz, ou seja, uma mesa que tem uma parte central de vidro com uma luz iluminando por baixo. Assim, uma folha de papel em branco é colocada sobre o desenho anterior e, por causa da luz, eles conseguem enxergar o desenho que está atrás e o usam como referência para fazer o próximo desenho. Se você possui uma mesa de luz ou algo parecido, é uma boa ideia usá-la na hora de criar os seus desenhos.

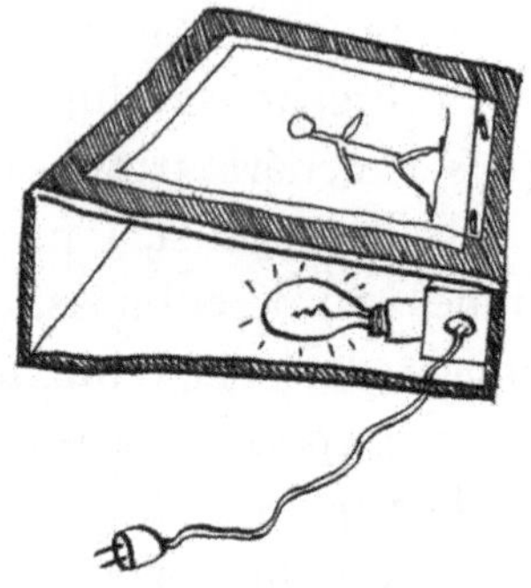

Faça um teste desenhando bonecos bem simples e tentando fazê-los andar ou levantar os braços. Por exemplo, você pode começar fazendo apenas três desenhos. No primeiro desenho, o boneco está com os braços para baixo. No segundo, o boneco está com os braços levantados até a metade (altura dos ombros). No terceiro desenho, o boneco está com os braços esticados acima da cabeça. Agora, tente fazer os desenhos das poses intermediárias. Por exemplo, tente fazer dois desenhos entre os desenhos 1 e 2, e mais dois desenhos entre os desenhos 2 e 3. Filme os desenhos e veja você mesmo os resultados.

2. Stop motion

Como você já sabe, *stop motion* é a técnica de animação segundo a qual o animador trabalha fotografando objetos fotograma por fotograma. Entre um fotograma e outro, o animador muda um pouco a posição dos objetos. Quando o filme é projetado a 24 fotogramas por segundo, temos a ilusão de que os objetos estão se movimentando.

Existem várias maneiras de fazer um filme em *stop motion*. Um bom exercício é colocar alguns objetos sobre uma mesa e filmá-los quadro a quadro, modificando pouco a pouco a sua posição. Você pode tentar animar um lápis rolando pela mesa, ou um sapato se movendo de lá para cá, ou uma chave que entra numa caixa: qualquer objeto serve para experimentar! Veja os resultados. Você terá uma boa ideia de como funciona o *stop motion*.

Aqui vão algumas outras ideias para você:

- *Animando com recortes*

Fazer animação com recortes é bem divertido e, em geral, dá menos trabalho do que com as outras técnicas. Por isso mesmo, pode ser uma boa escolha para quem vai fazer animação pela primeira vez. Tudo o que você vai precisar é de um fundo e de personagens. O fundo pode ser simples, de uma cor só, ou pode ser também o desenho de uma paisagem ou de um cenário. Outra ideia é fazer um fundo abstrato usando, por exemplo, formas geométricas ou algum tipo de textura (pano, palha, etc).

Suas personagens podem ser criadas de várias maneiras, mas lembre-se de que precisam se movimentar. Uma ideia é fazer a cabeça, os braços e as pernas separados do tronco: assim você poderá mover cada uma dessas partes separadamente.

Antes de começar a fazer o seu filme, faça o *storyboard* e tente imaginar qual será a melhor maneira de realizar cada cena. Por exemplo: se uma das cenas mostra uma personagem falando, como você vai fazer a boca se mexer? Aqui vai uma ideia: você pode fazer a personagem sem a boca, e fazer várias bocas separadamente. Durante a filmagem, você troca as bocas de acordo com o som da fala da personagem. Assim, quando você projetar o filme, a plateia vai ver a boca da personagem se movendo, como se ela estivesse falando de verdade.

Essa dica – fazer várias bocas separadamente para uma personagem, e trocá-las durante a filmagem – serve também para animação com massinhas ou com bonecos.

É importante, ainda, prender bem o fundo na mesa, e você pode fazer isso usando fita adesiva. Assim, ele não vai se deslocar durante a filmagem.

- *Animando com bonecos*

Você pode também tentar fazer *stop motion* com bonecos. Existem várias maneiras de fazer bonecos: com pano, espuma, armação de arame, latinhas, isopor e muitos outros materiais. Mas para se fazer animação é preciso que o boneco tenha mobilidade, ou seja, o seu boneco tem que ter braços, pernas, cabeça e troncos articulados, para permitir o movimento.

O boneco precisa se sustentar em pé. Muitos bonecos para *stop motion* têm armações de arame ou metal por dentro. Tais armações permitem que o animador mova as pernas, braços e cabeça do boneco e, ao mesmo tempo, fazem com que a pose fique firme, ou seja, que o boneco fique na pose até que o fotograma esteja pronto.

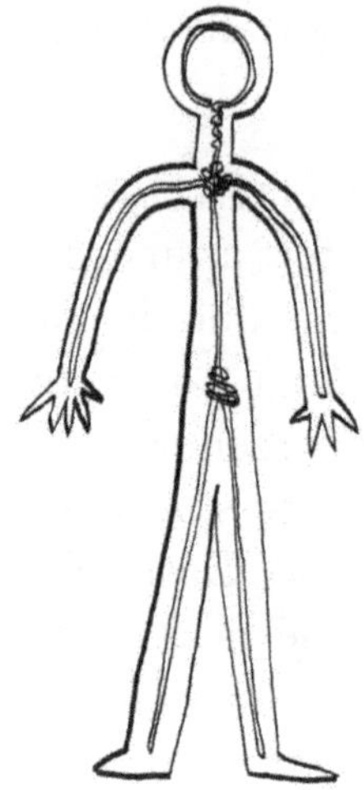

A armação deve permitir o movimento e, ao mesmo tempo, a firmeza do boneco. Portanto, se você construir o seu boneco usando algum tipo de material maleável, como pano, por exemplo, talvez seja uma boa ideia colocar uma estrutura de metal por dentro do pano.

Alguns bonecos para *stop motion* possuem uma rosca de parafuso na sola dos pés. O animador trabalha colocando o boneco em pé em cima de uma mesa cheia de furinhos, e o pé do boneco é parafusado na mesa, por baixo, por meio desses furinhos. Para fazer o boneco andar, é preciso parafusar um pé e desparafusar o outro, e assim por diante.

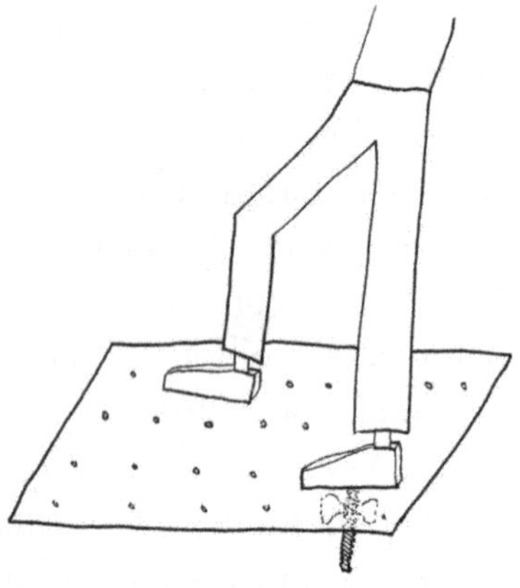

Como você pode ver, existem soluções para tudo! Só que em animação, muitas vezes, fazer coisas simples – como, por exemplo, fazer um boneco andar – pode dar um trabalhão! Pense também nos detalhes: criar mãos expressivas, rostos com olhos que possam piscar, bocas que possam sorrir, gritar ou chorar, sobrancelhas que ajudem a expressar raiva, surpresa ou medo, roupas interessantes, que ajudem a mostrar quem é a personagem, chapéus, sapatos, bengalas... São tantas coisas que podem fazer um boneco realmente interessante! Cada detalhe a mais vai enriquecer sua personagem e também o seu filme.

Além dos bonecos, seu filme vai precisar também de um cenário. Céu, montanhas, casas, árvores são coisas que podem enriquecê-lo. Pense nisso e use a sua imaginação na hora de escolher os materiais e criar cenários para sua história. Se não quiser construir seus próprios bonecos, você pode animar os seus brinquedos: super-heróis, bonecas, bichos de pelúcia ou de plástico. Procure usar um boneco ou boneca que se movimente com facilidade, mas que se mantenha em cada posição por tempo suficiente para que a posição seja gravada em filme ou vídeo.

Outra forma de criar um cenário para a sua animação é usar peças de brinquedos de montar, casas de boneca ou outros pequenos objetos. Procure bem, trabalhe com a imaginação, que com certeza seus brinquedos irão se transformar numa bela animação!

• *Massinha de modelar*

Muitos animadores usam massinha de modelar para fazer seus filmes, e você também pode usar essa técnica. A massinha de modelar é um ótimo material, pois é maleável, fácil de modelar e de ter as formas modificadas entre cada fotograma.

Os bonecos de massa podem ter pés grandes que sustentem o corpo, assim você não precisará colocar uma armação de arame por dentro do boneco. Muitas vezes, porém, é boa ideia colocar uma armação para ajudar o boneco a se sustentar de pé. Você é que vai decidir se o seu boneco precisa ou não de uma armação de arame. É costume usar um pouco de arame também para sustentar um nariz muito grande, ou uma orelha enorme, ou dedos longos das mãos. Mas o melhor mesmo, e o mais fácil, é criar um boneco mais simples, que não requeira tantos detalhes.

Você pode usar massinha também para criar o cenário. É importante que ele fique bem iluminado. Normalmente, são usadas, no mínimo, duas luzes: uma luz geral, que ilumina todo o cenário, e outra em um dos lados, para criar sombras interessantes. Muitas vezes se usam mais luzes, e tudo vai depender do tipo de efeito que você quer criar.

Para trabalhar bem com bonecos de massinhas é preciso imaginar que o boneco é um ator, e tentar imaginar o que um ator faria em cada situação. Faça de conta que você é o boneco, e tente sentir e imaginar o que faria em cada situação. Muitos animadores, durante as filmagens, atuam e representam a cena que estão filmando, e observam os próprios movimentos, poses e gestos em um espelho. Assim fica mais fácil criar poses para os bonecos.

Mova o boneco bem devagar entre um fotograma e outro, e olhe sempre pela câmera antes de filmar, para conferir se a posição do boneco está bem expressiva e se os objetos e cenários estão na posição correta.

• *Animando com computadores*

Se for usar um computador, você vai precisar trabalhar com, no mínimo, dois tipos de *softwares*: um para criar as imagens, outro para editar essas imagens na forma de filme. Você também pode desenhar em papel, escanear os desenhos e usar um *software* de edição para montar as imagens na forma de desenho animado.

As animações estão cada vez mais comuns na Internet. Daqui para a frente vai ser cada vez mais fácil criar animações e assistir a elas através da rede. Existem diversos programas, relativamente fáceis de encontrar:

a) Programas animadores de *gif* (formato de figuras, muito usado na Internet). Seu funcionamento é parecido com o *flipbook* – todos os quadros de animação são armazenados e exibidos em sequência.

b) Existem, ainda, muitos outros formatos e programas de animação de imagens à disposição na rede. Um bom ponto de partida são as páginas *www.tucows.com* e *www.download.com*, que disponibilizam, gratuitamente, vários programas.

Com o filme pronto, você poderá ver o resultado na tela do computador, ou passar o seu filme do computador para vídeo ou filme, mas isso provavelmente terá que ser feito em um local especializado.

Mais dicas para você

1. Títulos

É muito importante que o seu filme tenha um nome, o nome do diretor e também os créditos para quem trabalhou e ajudou a realizar o filme. Essas informações são os textos que aparecem no início (nome do filme e de seu diretor ou realizador) e no final do filme (nomes de todos os que participaram, agradecimentos, data do filme, etc).

O título de um filme é como a capa de um livro: é a primeira coisa que a plateia vai ver, e ele pode ajudar o espectador a ficar curioso e interessado. Existem várias maneiras de criar um título que seja interessante quando for projetado na tela. Você pode usar animação no seu título criando letras que se movem, ou até uma personagem em composição com as letras, fazendo alguma coisa engraçada junto do título. Mas o mais importante é que as letras sejam bem legíveis, para que a sua plateia entenda o que está escrito.

É muito importante, também, que o título seja projetado durante tempo suficiente para que todo mundo possa ler o que está escrito (lembre-se: 24 fotogramas = 1 segundo na tela).

Portanto, escolha com cuidado as letras, e use sua imaginação: crie títulos com recortes, com papel colorido, com pedaços de madeira ou pano... Tente criar um título que informe algo interessante sobre o seu filme.

2. Ciclos

Ciclos são movimentos que se repetem. Por exemplo, os desenhos abaixo podem ser filmados como um ciclo, ou seja, se você repetir os desenhos várias vezes, vamos ter a impressão de um movimento contínuo. Um homem andando, um sapo pulando, uma criança pulando corda, um cavalo trotando: todos esses movimentos podem ser criados por meio de ciclos. Ou seja, você cria uma sequência com poucos desenhos e repete a sequência várias vezes em seguida.

Você pode experimentar essa ideia criando pequenos ciclos de movimento em um *flipbook*, ou no seu computador, ou em qualquer técnica que você queira usar para fazer animação. Aqui estão alguns exemplos de ciclos:

3. ENQUADRAMENTOS

Existem várias maneiras de compor uma cena. Tente usar sua imaginação para escolher a composição que seja mais expressiva, e que ajude a história a ser contada de maneira bem clara. Por exemplo, você pode mostrar uma personagem bem de perto, num tipo de enquadramento que chamamos de *close-up*.

Nesse tipo de enquadramento, vemos em detalhes os olhos, a boca e a expressão da personagem. Se você está filmando um objeto em *close-up*, a sua plateia vai poder ver muitos detalhes desse objeto.

Existe também o "plano médio", um tipo de composição em que você pode ver uma personagem da cintura para cima, ou algo que ocupe mais ou menos a mesma área (por exemplo, uma personagem sentada).

Existem ainda os "planos longos", nos quais você mostra uma paisagem, ou o lugar onde a ação acontece. Nesse tipo de plano, você pode ver, também, uma ou mais personagens inteiras, da cabeça aos pés.

Para cada cena do seu filme, tente escolher o plano mais adequado.

close-up

plano médio

plano longo

4. FILMAR EM "UNS" OU EM "DOIS"

Muitas vezes, em vez de filmar um fotograma para cada desenho ou imagem, os animadores filmam duas vezes cada imagem. Essa técnica de filmar "em dois" é muito usada em filmes de *stop motion*.

Para perceber melhor a diferença entre essas duas maneiras de fazer animação, você pode fazer uma experiência filmando um teste "em dois" ou em "uns". Desenhe ou crie com recortes um ciclo bem simples – por exemplo, uma bola pulando no chão. Filme cada desenho apenas uma vez e, depois, filme cada desenho duas vezes, e veja qual é a diferença.

5. TRABALHAR EM GRUPO

Fazer um filme de animação, por mais curto que seja, dá muito trabalho. Em geral, esse trabalho todo é dividido entre várias pessoas. Algumas trabalham criando a história; outras criam as personagens e os cenários; outras fazem a animação; outras cuidam de colocar cor em tudo. O diretor do filme é o responsável por coordenar e dirigir o trabalho de toda a equipe.

E, finalmente, existem as pessoas que gravam todo o trabalho em filme ou em vídeo. E, é claro, existem também as pessoas que vão assistir a tudo isso...

Dependendo da técnica usada, a equipe e as funções podem mudar um pouco. Por exemplo: nas animações feitas com desenhos, algumas pessoas desenham as poses principais para cada personagem, e são então ajudadas por outros animadores, que fazem os desenhos que ficam entre uma pose e outra. Em muitas animações feitas em computadores, os animadores criam as principais poses, e o computador calcula sozinho os desenhos que ficam entre elas. Os animadores, então, retrabalham cada pedacinho da animação, para que o movimento das personagens fique cada vez mais natural e artístico.

6. *Pesquisar para criar*

Como já dissemos antes, existem muitas maneiras de fazer animação, e neste livro não caberia nem a metade delas... Animação exige paciência, muito trabalho, cuidado e pesquisa.

Pesquisar é muito importante. É importante quando você está inventando sua história, quando está desenvolvendo as personagens, quando está escolhendo a técnica adequada e quando está pondo tudo isso junto para então criar o seu próprio filme.

É sempre importante buscar informações, pesquisando, perguntando, conversando com pessoas que entendem do assunto, ou lendo sobre animação em livros, revistas e também na Internet. Fazer animação é muito gostoso, mas também dá muito trabalho. Quando as dúvidas surgirem, não desanime! Existe sempre uma solução escondida em algum lugar... É só procurar com cuidado que você, com certeza, vai encontrá-la!

Esta publicação integra o livro A *arte da animação*.
Não pode ser vendida separadamente.

A nova tecnologia dos computadores também trouxe inovações. Existem hoje animações inteiramente feitas no computador! O primeiro filme de longa-metragem feito dessa maneira chama-se *Toy Story*, que conta as aventuras dos brinquedos de um menino de um jeito muito inteligente e engraçado. Nesse filme, criado por um estúdio americano chamado Pixar, os animadores usaram a tecnologia dos computadores para desenvolver personagens tridimensionais. Diferentemente do que é feito nos desenhos animados, essas personagens se parecem com bonecos de verdade. Primeiro, o animador cria as poses básicas da personagem. O computador calcula as poses intermediárias. O animador vai, então, refinando o resultado e deixando tudo cada vez mais perfeito... O efeito final é belíssimo: uma mistura intrigante de realidade e fantasia.

Hoje em dia, muitos outros estúdios criam animações usando computadores. A computação gráfica é muito usada também na criação de efeitos especiais incríveis, substituindo parte do que antes era feito em *stop motion*. O computador é usado na criação de quase todos os seres extraterrenos e naves espaciais, monstros horripilantes e todo tipo de criatura fantástica que se vê nos filmes.

Existem recursos modernos para integrar as animações aos filmes nos quais imagens de atores reais estão gravadas. É desse modo que os estúdios criam efeitos especiais para filmes de terror, de ação e de ficção científica.

Existem também os filmes em que a gente nem nota o trabalho feito nos computadores, pois neles a computação gráfica é usada apenas como uma ferramenta a mais para que uma boa história ganhe vida nas telas de cinema.

No Brasil, a animação começou cedo: o primeiro filme, *O Kaiser*, foi feito, em 1917, pelo cartunista Álvaro Marins, também conhecido por Seth. Ele criou um filme curto, no qual mostrava um *kaiser* alemão que sonhava dominar o mundo, mas acaba sendo engolido por ele.

Em 1953, um animador chamado Anélio Latini criou *Sinfonia amazônica*, o primeiro longa-metragem de animação do Brasil. Naquela época, não era nada fácil fazer um filme de animação, mas Anélio era apaixonado por essa arte e fez o filme com a ajuda do irmão. Levaram oito anos para terminar!

No Brasil, sempre houve desenhistas e cartunistas talentosos. Muitos deles fizeram desenhos animados usando personagens de suas histórias em quadrinhos e tirinhas.

O cartunista Maurício de Sousa, que inventou a famosa Turma da Mônica, também levou suas personagens das páginas das revistinhas para as telas de cinema, fazendo filmes curtos e também de longa-metragem. Na área da publicidade, artistas de talento criaram animações para serem usadas em propagandas de televisão. Isso ajudou a formar muitos animadores profissionais, e aos poucos a arte da animação foi começando a ganhar mais espaço no Brasil.

A falta de recursos financeiros para comprar equipamentos foi, com certeza, um obstáculo para muitos artistas brasileiros que tinham o sonho de fazer animação. A partir da década de 70, porém, chegou ao Brasil um tipo de filme chamado super-8, que é um filme de 8 mm de largura. O equipamento para se fazer esse tipo de filme era bem mais barato, e as técnicas de montagem e edição das imagens, bem simples e fáceis de aprender; isso fez muita gente criar filmes e experimentar técnicas de animação.

A chegada do vídeo e dos computadores também facilitou as coisas, e, hoje em dia, quem quer fazer animação pode contar com uma série de recursos e equipamentos mais baratos e fáceis de usar. Você sabia que o Brasil foi um dos primeiros países a lançar uma animação de longa-metragem toda feita por meio de computação gráfica? Trata-se de *Cassiopeia*, um filme de Clóvis Vieira, lançado na mesma época de *Toy Story*!

Existem, no Brasil e no mundo inteiro, importantes festivais de cinema e de animação que ajudam a despertar o interesse das pessoas por essa forma de arte. Esses festivais promovem e divulgam trabalhos feitos aqui e em outros países e servem como ponto de encontro para todos os que se apaixonaram pela animação. São, também, uma forma de deixar muita gente inspirada para criar mais e melhores filmes.

Para quem gosta de filmes de animação, viver nos dias de hoje é uma delícia. Atualmente, as animações dos grandes estúdios convivem com animações artísticas e experimentais de todo tipo. A animação deixou de ser uma coisa para poucos cientistas e artistas, como era no passado, e se tornou uma profissão para muita gente.

Animadores profissionais trabalham em estúdios, dão aulas em escolas, e outros, mais sortudos, fazem os seus próprios filmes. Vale lembrar que a arte da animação foi inventada com o esforço de muita gente, e muitas pessoas continuam, nos dias de hoje, contribuindo para que a animação continue crescendo e conquistando cada vez mais espaço. É uma forma de arte muito nova, e há ainda várias possibilidades por explorar...

Existem, pelo mundo afora, muitas escolas de animação nas quais os estudantes aprendem as principais técnicas: o desenho animado, o *stop motion* (com massinhas, bonecos, areia, recortes e tantas outras coisas mais) e a animação feita no computador.

No mundo da animação, cada um desenvolve suas próprias ideias, cria histórias – ou reconta as que já existem –, inventa personagens e desenvolve novos estilos visuais para seus filmes. Mas, mesmo assim, sempre haverá novidades para descobrir.

Tudo isso faz a gente admirar a história da animação, essa arte tão querida que nasceu de simples truques com luzes e desenhos e da mistura da ciência com a arte... Cada nova ideia, cada louca invenção dispara a criatividade de tantos artistas, que logo dão um jeito de usar tudo para criar arte e diversão para as pessoas. Nascida e criada no casamento de máquinas e desenhos, invenções e histórias, pesquisa e criatividade, a animação está sempre crescendo e se renovando, na velha e nova casa do homem, na rua da curiosidade, no tempo sem-tempo do encantamento e da imaginação...

REFERÊNCIAS BIBLIOGRÁFICAS

ANDERSEN, Yvonne. *Make your own animated movied and videotapes*. Canada: Little, Brown & Company Limited, 1991.

BARRIER, Michael. *Hollywood cartoons*: America animation in its golden age. London, Canada and USA: Oxford University Press, 1999.

BENDAZZI, Giannalberto. *Cartoons*: one hundred years of cinema animation. Bloomington and Indianapolis: Indiana University Press, 1996.

CANEMAKER, John (ed.). *Storytelling in animation*: the art of the animated image. Los Angeles: American film Institute, v. 2, 1988.

CANEMAKER, Jonh. *Winsor McCay*: his life and art. New York: Abeville Press, 1987.

CRAFTON, Donald. *Before Mickey*: the animated film 1898-1928. Chicago and London: The University of Chicago Press, 1982.

LUTZ, E. G. *Animated cartoons*: how they are made their origin and development. New York: Applewood Books, 1998.

PARKIN, Geo. *Animation funstation*: price stern sloan. New York: Design Eye Book, 1995.

RUSSET, Robert. *Experimental animation*: origins of a new art. [s.l.]: Cecile Starr (ed.), 1988.

SOLOMON, Charles. *Enchanted drawings*: the history of animation. [s.l.]: Wings Books, 1994.

VOYAGES OF DISCOVERY. *The history of movie making*. New York: Scholastic INC, 1994.

N. do E.: Atualmente, no mercado brasileiro, existe uma carência desse tipo de publicação. Dois livros coeditados pela Embrafilme na década de 1970 estão esgotados. São eles: *A experiência brasileira no cinema de animação*, de Antonio Moreno, e *A técnica do cinema de animação*, de John Halas e Roger Manvell.

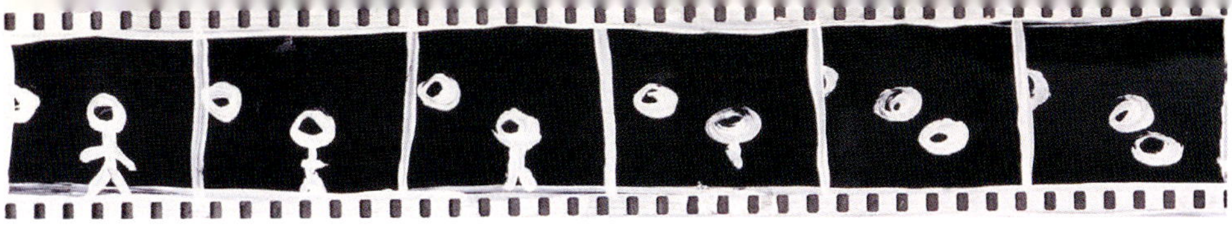

COLEÇÃO
No Caminho Das Artes

Teatro

A Arte da Animação

ARQUITETURA

Música

A Arte dos Quadrinhos

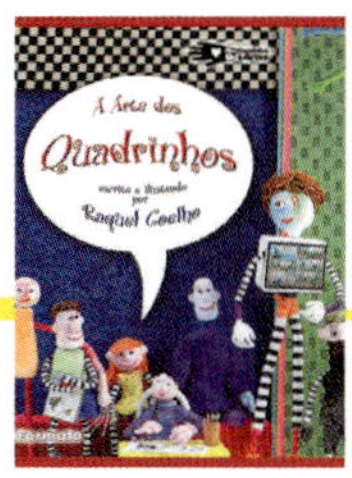

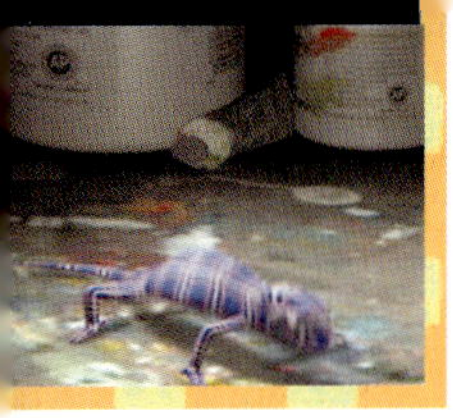

Olá! Já que este livro fala sobre animação, e eu trabalho aqui na Califórnia como animadora, resolvi aproveitar esta última página para contar um pouco como foi o meu encontro com essa arte tão bacana.

Desde os 10 anos de idade, eu já queria fazer um desenho animado. Perguntei lá na minha escola, para meu professor de artes, se ele me ajudava a fazer um filme. Mas ele me disse que a escola não tinha o equipamento de que eu iria precisar... Que tristeza!

Acabei desistindo, mas muitos anos depois a ideia voltou a batucar na minha cabeça. Nessa época, eu estava estudando Desenho Industrial em São Paulo, e em uma das aulas nós fizemos um projeto desenhando diretamente sobre o filme. Eu adorei! Então, junto com um amigo, tentei fazer algumas experiências usando colagens e uma câmera de super-8. Foi legal, e acabei querendo aprender mais sobre animação...

Arranjei logo um jeito: fui trabalhar como estagiária num estúdio de desenhos animados em São Paulo, onde aprendi muita coisa. Depois de algum tempo, eu me mudei para Nova York, onde conheci uma animadora brasileira que me falou com entusiasmo sobre computação gráfica.

Fiquei curiosa... e resolvi aprender mais sobre o assunto. Acredito que a melhor maneira de aprender uma arte é mesmo fazendo, e decidi então fazer meu próprio filme usando computadores. O filme se chamou *O Tapir* e retrata uma lenda indígena brasileira, que fala sobre as amazonas. *O Tapir* ganhou muitos prêmios internacionais e foi exibido em vários festivais pelo mundo afora. Algumas fotos do filme estão aí ao lado.

Participei também, como animadora, do filme *Bunny* (dirigido por Chris Wedge), que ganhou o Oscar de melhor curta de animação em 1999.

Essa é a minha história, que com certeza ainda não teve fim, já que continuo trabalhando com animação e pretendo fazer muitos outros filmes. Como você pode ver, no comecinho foi meio difícil, mas no final acabei tendo um belo encontro com a animação. Pois é... Quando se quer muito uma coisa, a gente acaba encontrando um jeito de realizar o sonho! É por isso que eu acho tão importante a gente nunca deixar de sonhar...

São Francisco, maio de 2000.

Raquel Coelho

...nasceu em Belo Horizonte, Minas Gerais.

Formada em Desenho Industrial pela FAAP (São Paulo), trabalhou com crianças (Arte-Educação), entre diversas outras atividades, sempre relacionadas às artes.

Raquel escreve e ilustra livros para crianças desde os 21 anos, e seu trabalho se caracteriza sobretudo por pesquisa e experimentação constantes, o que a faz estar sempre inovando – e se renovando como artista e como pessoa.

Desde 1994, Raquel mora nos Estados Unidos, onde trabalha como animadora em um estúdio de computação gráfica na Califórnia.

FICHA CATALOGRÁFICA

Dados Internacionais de Catalogação na Publicação (CIP)
(Câmara Brasileira do Livro, SP, Brasil)

Coelho, Raquel –
A arte da animação / textos e ilustrações
Raquel Coelho. – São Paulo: Formato Editorial, 2000.
– (No Caminho das Artes)

ISBN 978-85-7208-275-4

1. Animação (Cinematografia) 2. Animação recreacional 3. Animadores I. Título. II. Série.

00-2140 CDD-741.58

Índices para catálogo sistemático:
1. Arte da animação 741.58

7ª tiragem, 2023

CL: 811030
CAE: 602144

A Arte da Animação

Coleção *No Caminho das Artes*
Texto, Projeto Gráfico e Ilustrações
© 2000 RAQUEL COELHO

DIRETORIA EDITORIAL
SONIA JUNQUEIRA
EDITORIA DE ARTE
NORMA SOFIA
ASSISTÊNCIA EDITORIAL
ESTER RIZZO
JAKELINE LINS
LUCAS SANTOS JUNQUEIRA
SECRETARIA EDITORIAL
FLÁVIA ARAÚJO
EDITORAÇÃO ELETRÔNICA
MÁRCIO RIBEIRO
BRUNO MARTINS

PREPARAÇÃO DE TEXTO
MARGARET PRESSER
REVISÃO FINAL
ELZIRA DIVINA PERPÉTUA

Direitos reservados à
SARAIVA Educação Ltda.
Av. das Nações Unidas, 7221 — Pinheiros
05425-902 — São Paulo — SP
Tel.: (0xx11) 4003-3061
www.editorasaraiva.com.br

Proibida a reprodução total ou parcial desta obra sem o consentimento por escrito da editora.

Impressão e Acabamento: Forma Certa Gráfica Digital

Colaborações especiais:

Consultor técnico
MARCOS MAGALHÃES
Cineasta de Animação
Codiretor e fundador do ANIMA MUNDI,
Festival Internacional de Animação do Brasil

Fotografia
GUSTAVO CAMPOS

Logotipo da coleção
OLIVIER HEITZ

Flipbook da borda superior
Parte do filme *The art of survival*,
dirigido por CASSIDY CURTIS e
criado pelos estudantes da
University of Washington

Colaborações nas modelagens
NANCY KATO (p. 12, 13, 23 e 33)
CASSIDY CURTIS (p. 39)